러시아어
토르플 1급
실전 모의 고사
7

러시아어 토르플 1급 실전 모의 고사
❼

초판 인쇄 2021년 09월 06일
초판 발행 2021년 09월 10일

지은이 Левенталь И.В., Дубинина Н.А., Ильичева И.Ю.,
Лейфланд-Бернтссон Л.В., Конанов А.С., Гордеев Е.Н., Ерофеева И.Н., Птюшкин Д.В.

펴낸이 김선명
펴낸곳 뿌쉬낀하우스
책임편집 엄올가
편집 송사랑, 김율리아
디자인 김율하

주소 서울시 중구 동호로 15길 8, 리오베빌딩 3층
전화 02) 2237-9387
팩스 02) 2238-9388
홈페이지 www.pushkinhouse.co.kr

출판등록 2004년 3월1일 제2004-0004호

ISBN 979-11-7036-058-2 14790
978-89-92272-64-3 (세트)

© ООО Центр «Златоуст», 2020
Настоящее издание осуществлено по лицензии, полученной от ООО Центр «Златоуст»
© Pushkin House, 2021

이 책의 한국어판 저작권은 «Златоуст» 출판사와 독점 계약한 뿌쉬낀하우스에 있습니다.
저작권법에 의해 한국 내에서 보호를 받는 저작물이므로 무단 전재와 무단 복제를 금합니다.

※ 잘못된 책은 바꿔 드립니다.

Тест по русскому языку как иностранному
Первый сертификационный уровень

토르플 고득점을 위한 모의고사 시리즈

TORFL
러시아어
토르플 1급
실전 모의고사 7

Левенталь И.В., Дубинина Н.А., Ильичева И.Ю.,
Лейфланд-Бернтссон Л.В., Конанов А.С., Гордеев Е.Н.,
Ерофеева И.Н., Птюшкин Д.В. 지음

뿌쉬낀하우스

※ MP3 파일은 뿌쉬낀하우스 홈페이지(www.pushkinhouse.co.kr)에서 무료로 다운로드받을 수 있습니다.
　또한 스마트폰을 통해 문제 페이지에 있는 QR코드를 스캔하면 듣기 영역 MP3 파일을 바로 청취할 수 있습니다.

contents

토르플 길라잡이 _6

1부 테스트

Субтест 1.　　ЛЕКСИКА. ГРАММАТИКА 어휘, 문법 영역 _11

Субтест 2.　　ЧТЕНИЕ 읽기 영역 _28

Субтест 3.　　АУДИРОВАНИЕ 듣기 영역 _39

Субтест 4.　　ПИСЬМО 쓰기 영역 _46

Субтест 5.　　ГОВОРЕНИЕ 말하기 영역 _49

2부 정답

어휘, 문법 영역 정답 _59

읽기 영역 정답 _63

듣기 영역 정답 및 녹음 원문 _64

쓰기 영역 예시 답안 _70

말하기 영역 예시 답안 _74

첨부: 답안지 МАТРИЦА _83

1. 토르플 시험이란?

토르플(TORFL)은 'Test of Russian as a Foreign Language'의 약자로 러시아 교육부 산하기관인 '러시아어 토르플 센터'에서 주관하는 외국인 대상 러시아어 능력 시험이다. 기초 단계에서 4단계까지 총 여섯 단계로 나뉘어 있으며 시험 과목은 어휘·문법, 읽기, 듣기, 쓰기, 말하기의 다섯 영역으로 구성되어 있다. 현재 토르플은 러시아 내 대학교의 입학 시험, 국내 기업체, 연구소, 언론사 등에서 신입사원 채용 시험 및 직원들의 러시아어 실력 평가를 위한 방법으로 채택되고 있다.

2. 토르플 시험 단계

토르플 시험은 기초단계, 기본단계, 1단계, 2단계, 3단계, 4단계로 나뉘어 있다.

· 기초단계 (элементарный уровень)
　일상생활에서 필요한 최소한의 러시아어 구사가 가능한 가장 기초 단계이다.

· 기본단계 (базовый уровень)
　일상생활에서 필요한 기본적인 의사 소통이 가능한 단계이다.

· 1단계 (I сертификационный уровень)
　일상생활에서의 자유로운 의사소통뿐만 아니라, 사회, 문화, 역사 등의 분야에서 러시아인과 대화가 가능한 공인단계이다. 러시아 대학에 입학하기 위해서는 1단계 인증서가 필요하며, 국내에서는 러시아어문계열 대학졸업시험이나 기업체의 채용 및 사원 평가 기준으로도 채택되고 있다.

· 2단계 (II сертификационный уровень)
　원어민과의 자유로운 대화뿐만 아니라, 문화, 예술, 자연과학, 공학 등 전문 분야에서도 충분히 의사소통이 가능한 공인단계이다. 2단계 인증서는 러시아 대학의 비어문계 학사 학위 취득을 위한 요건이며 석사 입학을 위한 자격 요건이기도 하다. 1단계와 마찬가지로 국내에서는 러시아어문계열 대학졸업시험이나 기업체의 채용 및 사원 평가 기준으로도 채택되고 있다.

· 3단계 (III сертификационный уровень)
사회 전 분야에 걸쳐 고급 수준의 의사소통 능력을 지니고 있어 러시아어로 전문적인 활동이 가능한 공인단계이다. 러시아 대학의 비어문계열 석사와 러시아어문학부 학사 학위를 취득하기 위해서 3단계 인증서가 필요하다.

· 4단계 (IV сертификационный уровень)
원어민에 가까운 러시아어 구사 능력을 지니고 있는 가장 높은 공인단계로, 이 단계의 인증서를 획득하면 러시아어문계열의 모든 교육과 연구 활동이 가능하다. 4단계 인증서는 러시아어문학부 석사, 비어문계열 박사, 러시아어 교육학 박사 등의 학위를 취득하기 위한 요건이다.

3. 토르플의 시험영역

토르플 시험은 어휘·문법, 읽기, 듣기, 쓰기, 말하기의 다섯 영역으로 구성되어 있다.

· 어휘·문법 영역 (ЛЕКСИКА. ГРАММАТИКА)
객관식 필기 시험으로 어휘와 문법을 평가한다. (*사전 이용 불가)

· 읽기 영역 (ЧТЕНИЕ)
객관식 필기 시험으로 주어진 본문과 문제를 통해 독해 능력을 평가한다. (*사전 이용 가능)

· 듣기 영역 (АУДИРОВАНИЕ)
객관식 필기 시험으로 들려 주는 본문과 문제를 통해 이해 능력을 평가한다. (*사전 이용 불가)

· 쓰기 영역 (ПИСЬМО)
주관식 필기 시험으로 주제에 알맞은 작문 능력을 평가한다. (*사전 이용 가능)

· 말하기 영역 (ГОВОРЕНИЕ)
주관식 구술 시험으로 주어진 상황에 적합한 말하기 능력을 평가한다. (*사전 이용이 가능한 문제도 있음)

4. 토르플 시험의 영역별 시간

구 분	기초 단계	기본 단계	1단계	2단계	3단계	4단계
어휘·문법 영역	40분	50분	60분	90분	90분	60분
읽기 영역	40분	50분	50분	60분	60분	60분
듣기 영역	30분	30분	35분	35분	35분	45분
쓰기 영역	30분	50분	60분	55분	75분	80분
말하기 영역	20분	25분	60분	45분	45분	50분

*토르플 시험의 영역별 시간은 시험 시행기관마다 조금씩 다를 수 있습니다.

5. 토르플 시험의 영역별 만점

구　　분	기초 단계	기본 단계	1단계	2단계	3단계	4단계
어휘·문법 영역	100	100	165	150	100	140
읽기 영역	120	180	140	150	150	127
듣기 영역	100	150	120	150	150	150
쓰기 영역	40	80	80	65	100	95
말하기 영역	90	120	170	145	150	165
총 점수	450	630	675	660	650	677

6. 토르플 시험의 합격 점수

구　　분	기초 단계	기본 단계	1단계	2단계	3단계	4단계
어휘·문법 영역	66–100점 (66%이상)	66–100점 (66%이상)	109–165점 (66%이상)	99–150점 (66%이상)	66–100점 (66%이상)	92–140점 (66%이상)
읽기 영역	79–120점 (66%이상)	119–180점 (66%이상)	92–140점 (66%이상)	99–150점 (66%이상)	99–150점 (66%이상)	84–127점 (66%이상)
듣기 영역	66–100점 (66%이상)	99–150점 (66%이상)	79–120점 (66%이상)	99–150점 (66%이상)	99–150점 (66%이상)	99–150점 (66%이상)
쓰기 영역	26–40점 (66%이상)	53–80점 (66%이상)	53–80점 (66%이상)	43–65점 (66%이상)	66–100점 (66%이상)	63–95점 (66%이상)
말하기 영역	59–90점 (66%이상)	79–120점 (66%이상)	112–170점 (66%이상)	96–145점 (66%이상)	99–150점 (66%이상)	109–165점 (66%이상)

1부 테스트

Субтест 1. ЛЕКСИКА. ГРАММАТИКА

Инструкция по выполнению теста

- **Время выполнения теста — 60 минут.**
- Вы получили задания, инструкции к заданиям и матрицы.
- **Напишите в матрице фамилию, имя, страну и дату.**
- Тест состоит из 4 частей (165 заданий).
- При выполнении теста **пользоваться словарём нельзя.**
- В заданиях нужно выбрать вариант ответа и отметить его в матрице.

Например:

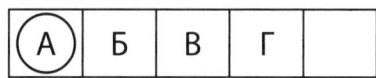

(Вы выбрали вариант А).

Если вы ошиблись и хотите исправить ошибку, сделайте так:

Например:

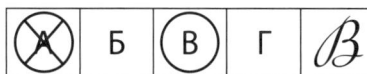

(Ваш выбор — вариант В, вариант А — ошибка).

Отмечайте ваш выбор только в матрице, в тесте ничего не пишите! Проверяться будет только матрица.

ЧАСТЬ 1

Задания 1–25. Выберите один вариант ответа.

1. Ваня любит котлеты, а я жареную картошку, мы любим _____ блюда. **2.** Эти туфли старомодные. Я куплю себе _____ . **3.** У всех были _____ мнения об этом событии. **4.** В этой компании совсем _____ требования к специалистам.	(А) разные (Б) другие
5. Мой _____ брат поступил в университет.	(А) старый (Б) старший (В) взрослый
6. Для таких цветов, как азалии, подходит _____ температура.	(А) низкая (Б) нижняя (В) маленькая
7. Мой муж всегда пьёт _____ чай.	(А) крепкий (Б) сильный (В) твёрдый
8. Эта задача очень _____ . Школьник решал её несколько часов.	(А) лёгкая (Б) тяжёлая (В) трудная
9. Для борща нужны _____ , например, нужна капуста, морковь, картофель.	(А) фрукты (Б) овощи (В) ягоды
10. Для нашей семьи Рождество – очень важный _____ .	(А) отдых (Б) праздник (В) отпуск

11. Лифт не работал. Мы спускались _____ по лестнице.	(А) внизу (Б) низ (В) вниз
12. Почта работает _____ 8 часов утра до 8 часов вечера.	(А) с (Б) от (В) в
13. Этим летом мы путешествовали _____ родной стране.	(А) в (Б) к (В) по
14. Преподаватель внимательно _____ на студента и ждал его объяснения. **15.** Я никогда не _____ такой игры! **16.** Вчера мой друг _____ интересную передачу по телевизору. **17.** Пациент сказал врачу, что раньше он _____ лучше даже без очков.	(А) смотрел (Б) видел
18. Лекция _____ полтора часа.	(А) продолжается (Б) начинается (В) заканчивается
19. Каждое утро папа _____ детей в школу на машине.	(А) ездит (Б) водит (В) возит
20. Нет, я не могу пойти в кино. Мне нужно _____ свою квартиру.	(А) убирать (Б) выбирать (В) собирать

21. Директор _____ сотрудникам важную информацию.	(А) говорил (Б) сообщил (В) беседовал
22. Я плохо _____ новые слова.	(А) запоминаю (Б) вспомню (В) напоминаю
23. Родители _____ новый диван к стене.	(А) поставили (Б) положили (В) повесили
24. Маленькая девочка _____ плавать в бассейне.	(А) занимается (Б) изучает (В) учится
25. Папа _____ сына играть на гитаре.	(А) выучил (Б) научил (В) изучил

ЧАСТЬ 2

Задания 26–77. Выберите один вариант ответа.

26. Перед _____ небольшой сад.	(А) дома (Б) дом (В) домом
27. Консерватория находится напротив _____ .	(А) театр (Б) театру (В) театра

28. Вчера мы встречали _____ на вокзале.	(А) друга (Б) с другом (В) другу
29. Я вернусь домой после _____ .	(А) два часа (Б) двум часам (В) двух часов
30. Пожилые люди часто ходят _____ .	(А) к врачам (Б) у врачей (В) с врачами
31. Я поздравил _____ с днём рождения. **32.** Он послал письмо _____ .	(А) младший сын (Б) младшего сына (В) младшему сыну (Г) с младшим сыном
33. Сегодня в университете проходит _____ . **34.** Мой коллега проводит _____ .	(А) научная конференция (Б) научную конференцию (В) научной конференции (Г) научной конференцией
35. В своём выступлении преподаватель использовал _____ . **36.** При выполнении домашнего задания студент пользовался _____ .	(А) в эту статью (Б) этой статьёй (В) эту статью (Г) с этой статьёй
37. Я часто советуюсь _____ . **38.** Ты можешь взять эту книгу _____ .	(А) мой друг (Б) моим другом (В) с моим другом (Г) у моего друга

39. Я поблагодарила _____ за подарок. **40.** Надо напомнить _____ о встрече.	(А) лучшая подруга (Б) с лучшей подругой (В) лучшей подруге (Г) лучшую подругу
41. Гостиница находится на берегу _____ . **42.** Рыбаки поймали много рыбы в _____ .	(А) Суходольское озеро (Б) Суходольского озера (В) Суходольском озере (Г) Суходольским озером
43. Завтра мы пойдём на экскурсию _____ . **44.** Вчера я встретился с другом _____ .	(А) в Михайловский дворец (Б) Михайловского дворца (В) в Михайловском дворце (Г) Михайловскому дворцу
45. Зрители тепло встречали _____ . **46.** Мы были в гостях _____ .	(А) известная актриса (Б) известную актрису (В) с известной актрисой (Г) у известной актрисы
47. Нобелевскую премию получил _____ . **48.** Наш город понравился _____ .	(А) китайский писатель (Б) китайского писателя (В) китайскому писателю (Г) китайским писателем
49. Анна очень обиделась _____ . **50.** Она больше никогда не встречала _____ .	(А) бывший муж (Б) на бывшего мужа (В) бывшего мужа (Г) с бывшим мужем

51. Консультацию можно получить _____ . **52.** Для получения визы можно обратиться _____ .	(А) в финском консульстве (Б) финское консульство (В) финскому консульству (Г) в финское консульство
53. Сон имеет _____ для здоровья человека. **54.** Журналист говорил _____ литературы.	(А) большое значение (Б) большого значения (В) о большом значении (Г) с большим значением
55. Преподаватель объяснял падежи _____ . **56.** Студенты разговаривали _____ .	(А) новая студентка (Б) новой студентке (В) новую студентку (Г) с новой студенткой
57. Владимир увлекается _____ .	(А) современное искусство (Б) современному искусству (В) современным искусством
58. Антон много читает о Древнем Риме. Наверное, он станет _____ .	(А) историком (Б) историк (В) историка
59. Купи, пожалуйста, бутылку _____ .	(А) свежее молоко (Б) свежего молока (В) свежему молоку
60. Каждую субботу бабушка водит _____ в музей.	(А) любимый внук (Б) с любимым внуком (В) любимого внука

61. Я поеду за город _____ .	(А) на следующей неделе (Б) на следующую неделю (В) следующая неделя
62. Сергей взял книги в библиотеке _____ .	(А) один месяц (Б) на один месяц (В) за один месяц
63. Виктор поступил в университет _____ .	(А) 2018-й год (Б) 2018-го года (В) в 2018-м году
64. Преподаватель был в командировке и не успел проверить _____ .	(А) контрольная работа (Б) контрольной работы (В) контрольную работу
65. Михаил учился в архитектурном институте, много работал и стал _____ .	(А) замечательному архитектору (Б) замечательным архитектором (В) замечательный архитектор
66. Нашу школу построили _____ .	(А) прошлый год (Б) прошлого года (В) в прошлом году
67. Сколько _____ на этом этаже?	(А) аудиторий (Б) аудитории (В) аудитория

68. Композитор написал 23 _____ .	(А) произведение (Б) произведения (В) произведений
69. Дедушка купил три _____ в цирк.	(А) билеты (Б) билета (В) билетов
70. Она всегда кормит на улице _____ .	(А) птицы (Б) птица (В) птиц
71. Футбольные фанаты не согласны _____ судьи.	(А) с решением (Б) решение (В) решения
72. _____ нравится новый преподаватель.	(А) Студенты (Б) Студентов (В) Студентам
73. Нельзя обижать _____ .	(А) маленькие (Б) маленьких (В) маленьким
74. Для успеха нашего бизнеса нужны _____ .	(А) хорошим специалистам (Б) хороших специалистов (В) хорошие специалисты

75. Скоро лето, друзья готовятся _____ .	(А) к новым путешествиям (Б) новые путешествия (В) с новыми путешествиями
76. Мужчина подарил детям _____ марок.	(А) большую коллекцию (Б) большая коллекция (В) большой коллекцией
77. В мебельном магазине _____ лежали красивые подушки.	(А) на дорогие кровати (Б) на дорогих кроватях (В) дорогие кровати

ЧАСТЬ 3

Задания 78–128. Выберите один вариант ответа.

78. В детстве мой брат часто _____ .	(А) болеет (Б) заболел (В) болел
79. О, звонок! Скоро _____ спектакль.	(А) начнётся (Б) начался (В) будет начинаться
80. Дети не любят _____ лекарства.	(А) принимать (Б) принять (В) принимают

81. Этот студент из Китая начал _____ русский язык один месяц назад.	(А) изучает (Б) изучил (В) изучать
82. Журналист поблагодарил президента за интервью и _____ .	(А) прощался (Б) попрощался (В) прощается
83. Алексей привык _____ по утрам.	(А) бегать (Б) бегаю (В) бегал
84. Мы должны _____ этот экзамен хорошо, чтобы получить стипендию.	(А) сдавать (Б) сдать (В) сдаём
85. Вчера Виктор _____ , что завтра позвонит родителям.	(А) обещает (Б) пообещает (В) пообещал
86. Моя семья живёт в доме, _____ по новой технологии.	(А) построенный (Б) построивший (В) построенном
87. На вокзале Сергей встречал брата, _____ на каникулы.	(А) приехавший (Б) приехавшего (В) приехавшему

88. Политики _____ на вопросы журналистов 2 часа. **89.** Секретари всегда _____ на вопросы клиентов. **90.** Мы не хотим подписывать контракт. Вы не _____ на наши вопросы. **91.** Студенты _____ на все вопросы теста и получили следующее задание.	(А) отвечали (Б) ответили
92. Виктор долго _____ костюм для интервью. **93.** Когда я _____ цветы для Ольги, Сергей ждал меня. **94.** Покупатель _____ книгу и заплатил за неё. **95.** Когда брат _____ подарок для своей невесты, он советовался со мной.	(А) выбирал (Б) выбрал
96. Мальчик не умеет _____ на велосипеде. **97.** Пора _____ домой, уже поздно. **98.** Я не люблю _____ на машине по центру города. **99.** Я должен часто _____ в командировки.	(А) ехать (Б) ездить
100. Вчера Сергей _____ к нам в гости. **101.** Антон всегда _____ домой поздно. **102.** Он _____ в театр вовремя. **103.** Вчера папа _____ домой в 7 часов.	(А) приходил (Б) пришёл
104. В субботу мы _____ в клуб. Там было весело! **105.** Подруги _____ по магазинам весь день. **106.** Когда мы _____ в кино, начался дождь. **107.** Вы уже _____ в Эрмитаж?	(А) шли (Б) ходили

108. Сколько времени самолёт _____ в Москву? **109.** Твой друг часто _____ в Лондон? **110.** Сегодня Анна _____ в Сингапур. **111.** Куда Оля _____ в отпуск каждый год?	(А) летит (Б) летает
112. Я заболела, и друг _____ лекарство. **113.** Каждый день учитель _____ карту на урок географии. **114.** Кто _____ этот букет? Твой новый друг? **115.** Папа всегда _____ что-нибудь вкусное.	(А) принёс (Б) приносил
116. Этот корабль _____ в Хельсинки, он везёт туристов. **117.** Он иногда _____ в этой реке. **118.** Моя сестра очень хорошо _____ . **119.** Смотри, куда _____ этот человек?	(А) плывёт (Б) плавает
120. Виктор, давай _____ летом на море!	(А) переедем (Б) приедем (В) поедем
121. Очень рады вас видеть. _____ , пожалуйста.	(А) Проходите (Б) Переходите (В) Уходите
122. Машина _____ к большому озеру.	(А) приехала (Б) подъехала (В) переехала
123. Антона сейчас нет на работе, он _____ в командировку на несколько дней.	(А) уехал (Б) доехал (В) приехал

124. По дороге на работу я _____ к подруге.	(А) доехала (Б) переехала (В) заехала
125. Кошке не понравилась еда, и она _____ от тарелки.	(А) подошла (Б) отошла (В) ушла
126. Вы уже _____ на новую квартиру?	(А) уехали (Б) приехали (В) переехали
127. Я должен _____ детей в школу на машине, так как сегодня метро закрыто.	(А) отвезти (Б) отвести (В) увезти
128. В какое время ты обычно _____ из дома?	(А) приходишь (Б) выходишь (В) входишь

ЧАСТЬ 4

Задания 129–165. Выберите один вариант ответа.

129. Мы видим людей, которым _____ . **130.** Мы видим людей, которых _____ .	(А) задают вопросы (Б) спрашивают о чём-то (В) разговаривают (Г) сидят в кафе

131. Я хочу показать тебе фотографию подруги, _____ я много рассказывал. **132.** Это девушка, _____ я учился в школе.	(А) которую (Б) о которой (В) с которой (Г) которая
133. Преподаватели хорошо знают, _____ студентам нужно будет сдавать экзамен несколько раз. **134.** Я забыла, _____ очки ты хочешь купить.	(А) какие (Б) каким (В) каких (Г) какими
135. Не понимаю, _____ результата ты ждёшь. **136.** _____ студенте ты мне писал?	(А) до какого (Б) какого (В) какому (Г) о каком
137. Интересно, _____ он так рад? **138.** Я не знаю, _____ он хочет.	(А) чему (Б) чем (В) чего (Г) что
139. Скажи мне, _____ она переписывается! **140.** Я знаю, _____ Катя попросила сделать её домашнее задание.	(А) кому (Б) с кем (В) кого (Г) у кого
141. Я не помню, _____ положил очки. **142.** Ты не помнишь, _____ Ваня приезжал к нам в гости?	(А) куда (Б) когда (В) где (Г) как

143. Я не пойду гулять, _____ завтра у меня экзамен. **144.** В комнате жарко, _____ мы открыли окно. **145.** Лифт не работает, _____ нам нужно идти пешком на седьмой этаж. **146.** Я часто пишу родителям, _____ скучаю по дому.	(А) потому что (Б) поэтому
147. Я попросила друга, _____ он объяснил мне задачу. **148.** Друг сказал, _____ задача трудная. **149.** Я думаю, _____ написала тест хорошо. **150.** Преподаватель попросил, _____ мы внимательно проверили свои работы.	(А) что (Б) чтобы
151. Николай не знает, _____ . **152.** Я куплю ему билет, _____ . **153.** Аня спросила Бориса, _____ . **154.** Я буду очень рада, _____ .	(А) если он пойдёт в кино (Б) пойдёт ли он в кино
155. Я живу в Петербурге, _____ мой друг живёт в Москве. **156.** Эта задача лёгкая, _____ я не могу её решить.	(А) а (Б) но (В) и
157. Сестра не знает, какой факультет выбрать – филологический _____ исторический.	(А) а (Б) но (В) или
158. Объясни, пожалуйста, _____ мне добраться до аэропорта.	(А) как (Б) куда (В) где

159. Мы не понимаем, _____ он так сделал.	(А) что (Б) почему (В) где
160. Борис опоздал на встречу, _____ он вышел из дома рано.	(А) потому что (Б) поэтому (В) хотя
161. Нужно много заниматься, _____ получить сертификат ТРКИ-2.	(А) если (Б) чтобы (В) тогда
162. Мы будем благодарны, _____ вы не будете шуметь после 23:00.	(А) если (Б) если бы (В) хотя
163. Когда я получу диплом, я _____ врачом в своём родном городе.	(А) работал (Б) работаю (В) буду работать
164. Когда мой друг переводил статью, я _____ новости.	(А) слушал (Б) слушаю (В) буду слушать
165. Я приду домой с работы и _____ готовить ужин.	(А) начинаю (Б) начну (В) начал

Субтест 2. ЧТЕНИЕ

Инструкция по выполнению теста

- **Время выполнения теста — 50 минут.**
- Вы получили задания, инструкции к заданиям и матрицы.
- **Напишите в матрице фамилию, имя, страну и дату.**
- Тест состоит из 3 частей (20 заданий).
- При выполнении теста **можно пользоваться двуязычным словарём.**
- В заданиях нужно выбрать вариант ответа и отметить его в матрице.

Например:

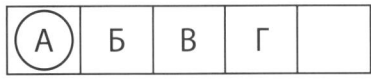

(Вы выбрали вариант А).

Если вы ошиблись и хотите исправить ошибку, сделайте так:

Например:

(Ваш выбор — вариант В, вариант А — ошибка).

Отмечайте ваш выбор только в матрице, в тесте ничего не пишите! Проверяться будет только матрица.

Задания 1–6. Прочитайте текст 1, фрагмент об Александринском театре из путеводителя по Санкт-Петербургу. Выполните задания после него. Выберите один вариант ответа.

ТЕКСТ 1

Первый постоянный публичный театр в России был основан по указу императрицы Елизаветы Петровны в 1756 году. Назывался он «Русский театр для представлений трагедий и комедий». Почти через 80 лет театр получил здание, построенное Карлом Росси. Этот архитектурный памятник Петербурга выполнен в стиле ампир. При строительстве театра использовалась венецианская технология, которая позволила Росси построить здание там, где раньше боялись строить каменные сооружения. Сегодня памятник архитектуры охраняется ЮНЕСКО.

В 1832 году театр получил название Александринский в честь супруги императора Николая I — Александры Фёдоровны. Она очень любила театр и помогала искусству.

После революции 1917 года этот театр долгое время назывался Государственным академическим театром драмы имени А.С. Пушкина.

В репертуаре Александринского те-

атра по традиции представлены классические драматические спектакли, всего их около двадцати: «Чайка» (А.П. Чехов), «Женитьба» (Н.В. Гоголь), «Сирано де Бержерак» (Э. Ростан) и др. Здесь можно посмотреть как классические постановки, так и современные, например, «Сон смешного человека», «Цветы для Чарли». В последнее время в «Александринке» можно также послушать оперу и посмотреть балет.

В мае 2013 года открылась новая сцена Александринского театра с новейшим техническим оборудованием.

Находится театр на площади Островского, дом 2. Стоимость билетов на вечерние спектакли составляет от 900 до 10 000 рублей.

По правилам театра дети до 12 лет не могут посещать вечерние спектакли, а с 12 лет дети могут посетить театр в вечернее время только вместе со взрослыми.

(По материалам сайта tonkosti.ru. — URL: https://clck.su/euE7L)

1. Александринский театр был создан по _____ .
   (А) указу Елизаветы Петровны
   (Б) желанию Карла Росси
   (В) совету ЮНЕСКО

2. Стиль, в котором построено здание Александринского театра, называется _____ .
   (А) барокко
   (Б) ампир
   (В) классицизм

3. Карл Росси построил театр по венецианской технологии, _____ .
   (А) потому что был итальянским архитектором
   (Б) чтобы использовать опыт венецианских инженеров

(В) потому что театр строили на деньги венецианцев

4. Театр назван Александринским в честь _____ .

(А) Александра II

(Б) Александры Фёдоровны

(В) Александра I

5. В настоящее время в Александринском театре проходят _____ .

(А) кинопоказы и концерты

(Б) мюзиклы и комедии

(В) драматические и музыкальные постановки

6. Дети могут посетить вечерний спектакль в Александринском театре, если они _____ .

(А) купили специальные билеты

(Б) пришли вместе со взрослыми

(В) старше 12 лет, и пришли со взрослыми

Задания 7–16. Прочитайте текст 2, фрагмент из биографии историка Вильяма Похлёбкина. Выполните задания после него. Выберите один вариант ответа.

ТЕКСТ 2

Вильям-Август Васильевич Похлёбкин — советский и российский историк. Он был специалистом по истории международных отношений и кулинарии. Наибольшую известность Похлёбкин получил благодаря своим научным работам по кулинарии. А в начале 1970-х годов Похлёбкин стал лауреатом медали Урхо Кекконена за политическую биографию этого финского президента.

Вильям Похлёбкин родился в Москве. Его прадед служил поваром и очень хорошо готовил похлёбки (овощные супы), откуда и появилась фамилия.

В 1941 году, после окончания школы, Похлёбкин ушёл на фронт и прошёл почти всю Великую Отечественную войну, был разведчиком. Знал три иностранных языка (сербо-хорватский, итальянский, шведский), работал в солдатской кухне и всегда старался сделать меню солдат разнообразным.

В январе 1945 года Похлёбкин поступил на факультет международных отношений МГУ, затем защитил диссертацию и получил степень кандидата исторических наук, начал работать младшим научным сотрудником в Институте истории Академии наук СССР. Здесь он занимался изучением истории скандинавских стран. Позже Похлёбкин стал писать работы о разных продуктах, печатал заметки о кулинарии в газетах и журналах, он сам прекрасно знал кулинарию и был специалистом по скандинавской кухне, знание шведского языка помогало ему в этой работе. Почти все блюда, рецепты которых предлагал Похлёбкин, были заранее приготовлены и продегустированы им же.

Основные кулинарные труды В. Похлёбкина: «Национальные кухни наших народов», «Тайны хорошей кухни», «Моя кухня, моё меню», «Всё о пряностях», «История водки», «Чай» и многие другие. Самая знаменитая книга по кулинарии — «Национальные кухни наших народов», которая является справочником о кухне советских республик, а также отдельных автономных областей. Большинство работ Похлёбкина по кулинарии содержит множество исторических и культурных деталей, что делает его уникальным историком кухни.

(По материалам сайта Википедия. — URL: https://ru.wikipedia.org/wiki/%D0%9F%D0%BE%D1%85%D0%BB%D1%91%D0%B1%D0%BA%D0%B8%D0%BD,_%D0%92%D0%B8%D0%BB%D1%8C%D1%8F%D0%BC_%D0%92%D0%B0%D1%81%D0%B8%D0%BB%D1%8C%D0%B5%D0%B2%D0%B8%D1%87).

7. Вильям Похлёбкин был _____ .

(А) историком

(Б) поваром

(В) археологом

8. Родился Вильям Похлёбкин в _____ .

(А) 19 веке в Тарту

(Б) 20 веке в Москве

(В) 20 веке в Хельсинки

9. Во время Великой Отечественной войны Вильям Похлёбкин _____.

(А) служил разведчиком

(Б) учился в МГУ

(В) подвиг на войне

10. Вильям Похлёбкин получил медаль У.К. Кекконена за _____.

(А) написание биографии финского политика

(Б) написание кулинарных книг

(В) невозможный характер

11. В написании кулинарных книг В. Похлёбкину помогало образование _____.

(А) военного

(Б) историка

(В) кулинара

12. Вильям Похлёбкин защитил _____ диссертацию по истории.

(А) магистерскую

(Б) докторскую

(В) кандидатскую

13. Все блюда, рецепты которых Похлёбкин опубликовал в журналах, он _____.

(А) готовил и дегустировал сам

(Б) готовил, но не дегустировал

(В) готовил сам, а дегустировали коллеги

14. Работы Похлёбкина по кулинарии отличает внимание к _____ .

(А) здоровому образу жизни

(Б) истории и культуре

(В) рецептам приготовления похлёбок

15. Одна из книг, написанная В. Похлёбкиным, называется _____ .

(А) «История водки»

(Б) «Как вырастить чай»

(В) «Секреты хорошего вина»

16. Самая знаменитая книга В. Похлёбкина рассказывает о кухне _____ .

(А) славянских народов

(Б) скандинавских стран

(В) республик Советского Союза

Задания 17–20. Прочитайте текст 3, фрагмент статьи интернет-ресурса «LifeGlobe — Весь мир как на ладони». Выполните задания после него. Выберите один вариант ответа.

ТЕКСТ 3

Проект «Семь чудес России» начался в 2008 году. Цель этого проекта — найти все чудеса России и определить лучшие из них. Конкурс был организован газетой «Известия», телеканалом «Россия» и радиостанцией «Маяк». Голосовать можно было с помощью смс и Интернета.

Конкурс «7 чудес России» состоял из трёх частей. На первом этапе принимали варианты и шло голосование. В итоге выбрали 49 чудес из 7 федеральных округов России. Затем прошёл второй этап, где было выбрано 14 финалистов конкурса. Третьим этапом был суперфинал, в котором тайным голосованием были выбраны 7 чудес России. 12 июня 2008 года, в день России, на Красной площади были объявлены победители конкурса.

Победителями конкурса «7 чудес России» стали:

Озеро Байкал. Самое чудесное из всех чудес озеро. Находится в южной части Восточной Сибири, самое глубокое озеро планеты Земля, крупнейший природный резервуар пресной воды. Более половины года озеро сковано льдом.

Долина гейзеров — это одно из наиболее крупных гейзерных полей мира и единственное в Евразии. Долина гейзеров находится на Камчатке в Кроноцком государственном заповеднике, на территории около 2 км² находится около 20 крупных гейзеров и множество источников, периодически выбрасывающих фонтаны кипящей воды (более 95°C) или горячего пара.

Мамаев курган и Родина-мать — это монументальный и величественный ансамбль «Героям Сталинградской битвы», который находится в Волгограде. Главный монумент композиции — гигантская скульптура «Родина-мать зовёт». Скульптура представляет собой 52-метровую фигуру женщины, стремительно идущей вперёд и зовущей за собой своих сыновей.

Петергоф — дворцово-парковый ансамбль на южном берегу Финского залива в 29 км от Санкт-Петербурга. Находится на территории города Петергоф (с 1944 года — Петродворец).

Собор Василия Блаженного в Москве построили всего за 5 лет. Иван Грозный решил увековечить память о взятии Казани и победе над Казанским ханством, построив этот храм.

Столбы на плато Мань-Пупу-Нёр. Эти горные столбы находятся на Урале. Когда-то они были объектами религиозного культа финно-угорских народов. Об этих столбах создавались различные легенды.

Гора Эльбрус на Кавказе. Когда-то давно Эльбрус был действующим вулканом, а теперь это самый большой потухший вулкан планеты. Высота Эльбруса равна 5642 метрам.

Это уникальные места России, которыми гордится вся страна!

(По материалам интернет-ресурса. – URL: https://lifeglobe.net/search?q=%D0%9F%D1%80%D0%BE%D0%B5%D0%BA%D1%82+%C2%AB%D0%A1%D0%B5%D0%BC%D1%8C+%D1%87%D1%83%D0%B4%D0%B5%D1%81+%D0%A0%D0%BE%D1%81%D1%81%D0%B8%D0%B8%C2%BB+)

17. Данному тексту наиболее точно соответствует название: _____ .

(А) «7 чудес России»

(Б) «14 чудес России»

(В) «49 чудес России»

18. 12 июня 2008 года _____ .

(А) начался конкурс

(Б) объявили результаты конкурса

(В) закончился второй этап конкурса

19. Победителей конкурса оказалось _____ .

(А) 20

(Б) 14

(В) 7

20. Цель проекта «7 чудес России» — _____ .

(А) определить самые красивые места России

(Б) выбрать 7 лучших регионов России

(В) найти самые интересные памятники

Субтест 3. АУДИРОВАНИЕ

Инструкция по выполнению теста

- **Время выполнения теста — 35 минут.**
- Вы получили задания, инструкции к заданиям и матрицы.
- **Напишите в матрице фамилию, имя, страну и дату.**
- Тест состоит из 6 текстов (30 заданий).
- При выполнении теста **пользоваться словарём нельзя.**
- Слушайте аудиотексты. **Все аудиотексты звучат один раз.**
- В заданиях нужно выбрать вариант ответа и отметить его в матрице.

Например:

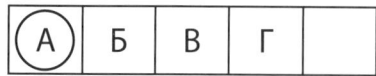

(Вы выбрали вариант А).

Если вы ошиблись и хотите исправить ошибку, сделайте так:

Например:

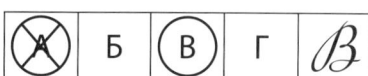

(Ваш выбор — вариант В, вариант А — ошибка).

Отмечайте ваш выбор только в матрице, в тесте ничего не пишите! Проверяться будет только матрица.

Задания 1–5. Прослушайте текст 1, голосовое сообщение Елене от Карины, и выполните задания к нему. Время выполнения заданий — до 5 минут. Выберите один вариант ответа.

Слушайте текст 1

1. Карина отправила сообщение _____ .

(А) подруге

(Б) сестре

(В) маме

2. Карина рассказала о том, что _____ .

(А) у неё новая работа

(Б) она открыла свою фирму

(В) она потеряла работу

3. Карине ещё трудно _____ .

(А) долго спать

(Б) рано вставать

(В) встречаться с друзьями

4. Карина хочет встретиться с Еленой _____ .

(А) на работе

(Б) в гостях

(В) в кафе

5. Карина ждёт в гости _____ .

(А) Елену и её маму

(Б) Елену и её сестру

(В) Елену и её семью

Задания 6–10. Прослушайте текст 2, фрагмент из биографии Юрия Гагарина, и выполните задания к нему. Время выполнения заданий — до 5 минут. Выберите один вариант ответа.

Слушайте текст 2

6. Юрий Гагарин родился в _____ .

   (А) городе Смоленске

   (Б) городе Саратове

   (В) деревне недалеко от Смоленска

7. В семье Гагариных кроме Юрия было ещё _____ детей.

   (А) трое

   (Б) четверо

   (В) двое

8. Сразу после войны Юрий Гагарин поступил в _____ .

   (А) авиационное училище

   (Б) ремесленное училище

   (В) индустриальный техникум

9. С детства Юрий Гагарин любил читать о _____ .

   (А) лётчиках

   (Б) рабочих

   (В) военных

10. В 17 лет Юрий Гагарин работал _____ .

   (А) в техникуме

   (Б) на заводе

   (В) в училище

Задания 11–15. Прослушайте текст 3, радиопередачу об озере Селигер, и выполните задания к нему. Время выполнения заданий — до 10 минут. Выберите один вариант ответа.

Слушайте текст 3

11. На озере Селигер строят новые гостиницы для _____ .

(А) студентов

(Б) бизнесменов

(В) семей с детьми

12. На Селигере _____ островов.

(А) около 60

(Б) более 160

(В) менее 106

13. Большинство туристов приезжают на Селигер _____ .

(А) летом

(Б) зимой

(В) весной

14. Селигер выбирают любители _____ туризма.

(А) автомобильного и водного

(Б) водного, пешего, велосипедного, автомобильного

(В) водного, велосипедного, пешего

15. На Селигере туристам предлагают _____ .

(А) рыбалку и охоту

(Б) рыбалку и экскурсии

(В) рыбалку, охоту и экскурсии

Задания 16–20. Прослушайте текст 4, диалог Николая и Галины об отдыхе, и выполните задания к нему. Время выполнения заданий — до 5 минут. Выберите один вариант ответа.

Слушайте текст 4

16. Николай хочет поехать _____ .

(А) на Байкал

(Б) в Сочи

(В) в Анталию

17. Галина больше всего любит отдыхать _____ .

(А) в городе

(Б) на море

(В) в горах

18. Галина собирается отдыхать в _____ .

(А) Турции

(Б) России

(В) Греции

19. По мнению Галины, в Сочи сервис _____ в Турции.

(А) хуже, чем

(Б) лучше, чем

(В) не хуже, чем

20. Раньше Галина _____ в Греции.

(А) уже несколько раз была

(Б) уже один раз была

(В) никогда не была

Задания 21–25. Прослушайте текст 5, разговор по телефону, и выполните задания к нему. Время выполнения заданий — до 5 минут. Выберите один вариант ответа.

Слушайте текст 5

21. Молодой человек звонил в _____ .

   (А) ресторан

   (Б) кафе

   (В) столовую

22. Молодой человек хочет заказать _____ .

   (А) одну пиццу и две бутылки воды

   (Б) две пиццы и одну бутылку воды

   (В) две пиццы и две бутылки воды

23. Молодому человеку доставят _____ .

   (А) две пиццы с грибами

   (Б) одну пиццу с морепродуктами, одну с грибами

   (В) две пиццы с морепродуктами

24. Молодому человеку доставят заказ в течение _____ .

   (А) часа

   (Б) дня

   (В) суток

25. Молодой человек заказывает пиццу в этом месте _____ .

   (А) первый раз

   (Б) редко

   (В) часто

Задания 26-30. Прослушайте текст 6, диалог Михаила и Светы, и выполните задания к нему. Время выполнения заданий — до 5 минут. Выберите один вариант ответа.

Слушайте текст 6

26. Михаил предложил Свете _____ .

   (А) сходить в кино

   (Б) посмотреть балет

   (В) послушать оперу

27. Когда Михаил приглашал Свету, она _____ .

   (А) сразу согласилась

   (Б) согласилась не сразу

   (В) сразу отказалась

28. Родители Михаила в выходные _____ .

   (А) едут на дачу

   (Б) остаются дома

   (В) идут в театр

29. Михаил и Света договорились встретиться в _____ .

   (А) 5:30

   (Б) 6:30

   (В) 7:30

30. Михаил и Света договорились встретиться _____ .

   (А) у театра

   (Б) у станции метро

   (В) дома

Субтест 4. ПИСЬМО

Инструкция по выполнению теста

- **Время выполнения теста — 60 минут.**
- Вы получили задания, инструкции к заданиям и рабочие листы.
- **Напишите на рабочем листе фамилию, имя, страну и дату.**
- Тест состоит из 2 заданий.
- При выполнении теста **можно пользоваться двуязычным словарём.**

Задание 1. Вы прочитали пост в блоге о взаимоотношениях людей в современном обществе. Напишите свой комментарий. Используйте этот план:

— что говорят студенты о современных проблемах в общении (выберите 2–3 мнения);

— с какими мнениями вы не согласны;

— что вы сами думаете об этой проблеме.

Задумывались ли вы, почему один человек окружён знакомыми, друзьями, а другой одинок? Что этому виной: случайность, наши характеры или обстоятельства нашей жизни? Психологи решили спросить петербургских студентов, что они думают о проблеме общения.

Сергей Иванов: К сожалению, наше общение с людьми развивается в одном направлении. Мы очень часто организуем общение прагматически — получить информацию, вещь, решить какой-то вопрос. Не в этом ли причина одиночества людей?

Ирина Петрова: Вы, наверное, обратили внимание на то, что в последнее время мы стали реже ходить друг к другу в гости? Даже друзья и родственники встречаются только по праздникам, а чаще всего общаются по телефону.

Ксения Угрюмова: Можно ли научиться не быть одиноким? Я хочу поговорить только об одной причине одиночества — неумении общаться с людьми. Чтобы уйти от одиночества, нужен интерес к другому человеку. Причём надо стремиться этот интерес в себе развивать, поддерживать. Мы слишком часто говорим «мне надо», «я хочу» — и в результате теряем другого человека с его потребностями и интересами. Вот почему люди, которые думают только о своих интересах, чаще оказываются в одиночестве. Постарайтесь строить общение исходя из интересов окружающих людей — и вы увидите, что общение сразу станет другим.

Вячеслав Пенкин: В повседневной жизни иногда возникают психологические барьеры в общении, которые надо уметь преодолевать. Чаще всего мы сталкиваемся с отрицательным отношением к тому или иному человеку.

Мы иногда боимся контакта с другим человеком, потому что беспокоимся, будет ли общение успешным. Мы переживаем, волнуемся. Постарайтесь спокойно, без эмоций проанализировать, что вас останавливает. Вы убедитесь, что причин бояться общения намного меньше, чем вы думали.

Иван Сундуков: Я хочу поговорить о молодёжном общении. По статистике, большую часть своего досуга молодёжь посвящает общению с друзьями и приятелями. Друзья и приятели нужны человеку, особенно молодому. Ему нужно разобраться в окружающем мире, найти своё место. С друзьями они обсуждают то, что читают, видят по телевизору, в кино, в театре. Молодые люди говорят об отношениях со своими родителями, о взаимоотношениях со взрослыми, о личных проблемах. Для молодёжи важно общение именно со своими сверстниками.

Задание 2. Ваш друг из России едет в вашу страну учиться/работать на один год. Помогите ему собрать чемоданы. **Напишите ему письмо и расскажите о климате в вашей стране.**

— Какая погода в вашей стране в различные времена года?

— Есть ли особенности климата в вашем городе? Какие?

— Какую одежду и обувь нужно иметь для разных времён года?

— Как меняется жизнь людей в разные времена года?

— Что едят и пьют люди в разные времена года?

— В какое время обычно у людей отпуск?

— Когда больше всего туристов и почему?

— Какое время года вам нравится больше всего и почему?

В вашем письме должно быть не менее 20 предложений.

Субтест 5. ГОВОРЕНИЕ

Инструкция по выполнению теста

- **Время выполнения теста — 60 минут.**

- Вы получили задания, инструкции к заданиям и рабочий лист.

- Тест состоит из 4 заданий.

- При выполнении **заданий 1 и 2 пользоваться словарём нельзя.**

- При подготовке **задания 3 и 4 можно пользоваться двуязычным словарём.**

- Во время вашего ответа идёт видеозапись.

**Инструкция по выполнению задания 1
(позиции 1–5)**

- **Время выполнения задания — до 5 минут.**

- Задание выполняется без предварительной подготовки. Вопросы и описания ситуаций предъявляются тестором.

- Вам нужно принять участие в диалогах. Вы слушаете реплику тестора и даёте ответную реплику. Если вы не успеете дать ответ, не задерживайтесь, слушайте следующую реплику.

- Помните, что вы должны дать полный ответ (ответы «да», «нет», «не знаю» не являются полными).

Задание 1 (позиции 1–5). Примите участие в диалоге. Ответьте на реплики собеседника.

  1. – Скажите, пожалуйста, какое время года вы любите больше всего?
     – _____

2. – Когда у вас день рождения? Как вы его обычно отмечаете?

   – _____

3. – Какие подарки обычно дарят на день рождения в вашей стране/городе?

   – _____

4. – Что вы умеете готовить?

   – _____

5. – Где вы предпочитаете покупать продукты: в магазине или на рынке?

   – _____

Инструкция по выполнению задания 2 (позиции 6–10)

- **Время выполнения задания — до 10 минут.**
- Задание выполняется без предварительной подготовки. Вам нужно принять участие в 5 диалогах.
- Вы знакомитесь с ситуацией и после этого начинаете диалог, чтобы решить поставленную задачу. Если одна из ситуаций покажется вам трудной, переходите к следующей ситуации.

Задание 2 (позиции 6–10). Познакомьтесь с описанием ситуации. Примите участие в диалогах.

   6. Вы в ресторане. Закажите официанту ужин.

   – _____

7. Ваш друг тоже хочет изучать русский язык. Посоветуйте ему языковую школу или курсы.

– _____

8. – Вы хотите пойти погулять с другом, но он не хочет. Поговорите с ним, убедите его пойти с вами на прогулку.

– _____

9. Поздравьте друга с днём рождения. Позвоните ему по телефону.

– _____

10. Вы в гостинице, и вам нужен интернет. Задайте вопросы администратору.

– _____

Инструкция по выполнению задания 3

- **Время выполнения задания — до 25 минут** (подготовка — 15 минут, ответ — до 10 минут).
- При подготовке задания можно пользоваться двуязычным словарём.

Задание 3 Ваш друг режиссёр ищет идею для нового фильма, а вы недавно прочитали интересный рассказ. Кратко передайте его содержание.

Букет

Был обычный петербургский летний день. Я был в отпуске и сидел у окна за компьютером. Мой кот, который обычно лежал у меня на коленях, от жары ушёл в тень и лежал там. Вдруг мне на мессенджер приходит сообщение от девушки, в которую я был влюблён. Жила она в Москве. Сообщение было длинное и грустное. Она писала о том, что ей

одиноко, потому что меня нет с ней рядом. А разве нужно влюблённому человеку что-то ещё, чтобы сразу поехать к любимой? Я написал ей: «Жди. Скоро буду», — собрал сумку, насыпал корма коту и помчался на вокзал покупать билет в Москву.

Купив билет, я сел на поезд и на следующее утро оказался в Москве на вокзале. Было ещё рано, и я решил не спешить. Я ходил по городу и восхищался видами — в Москве я был уже не в первый раз, но каждый раз она удивляла меня чем-то новым. Этим утром на площади я встретил несколько музыкантов, которые играли старые песни. Играли они очень хорошо, и я даже не заметил, как время подошло к полудню.

По пути к дому своей девушки я купил ей цветы. Её звали Оля. Она жила на седьмом этаже высотного дома. Я поднялся по лестнице и позвонил в дверной звонок. Но никто не ответил. Я подумал, что она не услышала, и позвонил ещё раз. Но дверь мне так и не открыли. Я попробовал позвонить ей на сотовый телефон: из-за двери раздалась мелодия звонка телефона, но ответа всё также не было. Я подождал полчаса, час, но дверь всё так же оставалась закрытой. Когда я уже начал терять терпение, из соседней квартиры выглянула женщина лет 60 и добрым голосом сказала:

— Ты чего звонишь? Её нет дома. Она уехала вчера днём с подружкой и ещё не приехала.

— Но её телефон — он звонит у неё в квартире. Может быть, она уже вернулась, а вы не заметили?

— Смешной ты, честное слово. Может быть, она его забыла. Или видеть тебя не хочет, а ты тут под дверью стоишь. Иди погуляй. Погода-то вот какая на улице стоит!

— Да, вы, пожалуй, правы, — я протянул букет, который я купил Оле, её соседке, — держите — это вам. Спасибо большое.

Женщина от неожиданности даже немного покраснела.

— Ой, спасибо! Вот обрадовал! Белые розы — мои любимые цветы! Может быть, тебя чаем напоить? С печеньем — я сама испекла.

— Да нет, что вы. Вы всё правильно сказали — погода-то какая! Я пойду на улицу погуляю. Ещё раз спасибо, — и я спустился вниз, чтобы уйти подальше от этого дома.

Я ходил по улицам, ожидая отъезда в Петербург. Если днём погода была по-настоящему хорошей, то к вечеру стало холоднее. За час до отъезда я пришёл на вокзал и зашёл в кафе, чтобы поужинать. Вскоре объявили мой поезд, и я пошёл к своему вагону. Настроения не было, и я очень устал за этот день. Перед тем, как зайти в поезд, я решил ещё немного подышать воздухом. И именно в этот момент я увидел, как к поезду бежит девушка. Издалека её было трудно разглядеть, но я отчётливо видел букет белых роз, которые я сам выбирал для Оли. Девушка всё приближалась, и, наконец, я сумел разглядеть её лицо — это была Оля. Она бежала ко мне и улыбалась.

— Саша! Саша! Прости меня — у меня вчера подруга заболела, и я осталась у неё переночевать, чтобы она не была одна. А телефон я дома забыла — никак не думала, что ты действительно приедешь!

Она крепко обняла меня.

— Саша, я так по тебе соскучилась!

— А как ты узнала, что это мой букет?

— Пускай это будет маленькая тайна — моя и моей соседки.

— Оля, посадка уже заканчивается… Как жаль, что мы так поздно увиделись...

— Но ты ведь ещё приедешь?

— Конечно. И в следующий раз куплю сразу два букета: тебе и твоей соседке.

Инструкция по выполнению задания 4

- **Время выполнения задания — до 20 минут** (подготовка — 10 минут, ответ — 10 минут).
- Вы должны подготовить сообщение на предложенную тему.
- Вы можете составить план сообщения, но не должны читать своё сообщение.

Задание 4 Подготовьте сообщение на тему: «Моя одежда».

- Какие одежду и обувь вы любите?
- Какой ваш любимый цвет?
- Какое место в вашей жизни занимает одежда?
- Важны ли для вас бренды?
- Как часто вы покупаете одежду и обувь?
- Какую часть вашего бюджета вы тратите на покупку одежды?
- Какие магазины вам нравятся? Ходите ли вы на распродажи?
- Есть ли в вашей стране свои известные бренды одежды и обуви?

В вашем сообщении должно быть не менее 20 фраз.

2부 정답

Контрольные матрицы

ЛЕКСИКА. ГРАММАТИКА

어휘, 문법 영역 정답

МАКСИМАЛЬНОЕ КОЛИЧЕСТВО БАЛЛОВ — 165.

ЧАСТЬ 1				
1	**А**	Б		1
2	А	**Б**		1
3	**А**	Б		1
4	А	**Б**		1
5	А	**Б**	В	1
6	**А**	Б	В	1
7	**А**	Б	В	1
8	А	Б	**В**	1
9	А	**Б**	В	1
10	А	**Б**	В	1
11	А	Б	**В**	1
12	**А**	Б	В	1
13	А	Б	**В**	1
14	**А**	Б	В	1
15	А	**Б**	В	1
16	**А**	Б	В	1
17	А	**Б**	В	1

18	**А**	Б	В	1
19	А	Б	**В**	1
20	**А**	Б	В	1
21	А	**Б**	В	1
22	**А**	Б	В	1
23	**А**	Б	В	1
24	А	Б	**В**	1
25	А	**Б**	В	1

ЧАСТЬ 2					
26	А	Б	**В**		1
27	А	Б	**В**		1
28	**А**	Б	В		1
29	А	Б	**В**		1
30	**А**	Б	В		1
31	А	**Б**	В	Г	1
32	А	Б	**В**	Г	1
33	**А**	Б	В	Г	1
34	А	**Б**	В	Г	1

#	A	Б	В	Г	
35	А	Б	**В**	Г	1
36	А	**Б**	В	Г	1
37	А	Б	**В**	Г	1
38	А	Б	В	**Г**	1
39	А	Б	В	**Г**	1
40	А	Б	**В**	Г	1
41	А	**Б**	В	Г	1
42	А	Б	**В**	Г	1
43	**А**	Б	В	Г	1
44	А	Б	**В**	Г	1
45	А	**Б**	В	Г	1
46	А	Б	В	**Г**	1
47	**А**	Б	В	Г	1
48	А	Б	**В**	Г	1
49	А	**Б**	В	Г	1
50	А	Б	**В**	Г	1
51	**А**	Б	В	Г	1
52	А	Б	В	**Г**	1
53	**А**	Б	В	Г	1
54	А	Б	**В**	Г	1
55	А	**Б**	В	Г	1
56	А	Б	В	**Г**	1
57	А	Б	**В**		1
58	**А**	Б	В		1

#	A	Б	В		
59	А	**Б**	В		1
60	А	Б	**В**		1
61	**А**	Б	В		1
62	А	**Б**	В		1
63	А	Б	**В**		1
64	А	Б	**В**		1
65	А	**Б**	В		1
66	А	Б	**В**		1
67	**А**	Б	В		1
68	А	**Б**	В		1
69	А	**Б**	В		1
70	А	Б	**В**		1
71	**А**	Б	В		1
72	А	Б	**В**		1
73	А	**Б**	В		1
74	А	Б	**В**		1
75	**А**	Б	В		1
76	**А**	Б	В		1
77	А	**Б**	В		1

ЧАСТЬ 3

#	A	Б	В		
78	А	Б	**В**		1
79	**А**	Б	В		1
80	**А**	Б	В		1
81	А	Б	**В**		1

#	A	Б	В		1		#	A	Б	В		1
82	A	**Б**	В		1		106	**A**	Б			1
83	**A**	Б	В		1		107	A	**Б**			1
84	A	**Б**	В		1		108	**A**	Б			1
85	A	Б	**В**		1		109	A	**Б**			1
86	A	Б	**В**		1		110	**A**	Б			1
87	A	**Б**	В		1		111	A	**Б**			1
88	**A**	Б			1		112	**A**	Б			1
89	**A**	Б			1		113	A	**Б**			1
90	A	**Б**			1		114	**A**	Б			1
91	A	**Б**			1		115	A	**Б**			1
92	**A**	Б			1		116	**A**	Б			1
93	**A**	Б			1		117	A	**Б**			1
94	A	**Б**			1		118	A	**Б**			1
95	**A**	Б			1		119	**A**	Б			1
96	A	**Б**			1		120	A	Б	**В**		1
97	**A**	Б			1		121	**A**	Б	В		1
98	A	**Б**			1		122	A	**Б**	В		1
99	A	**Б**			1		123	**A**	Б	В		1
100	**A**	Б			1		124	A	Б	**В**		1
101	**A**	Б			1		125	A	**Б**	В		1
102	A	**Б**			1		126	A	Б	**В**		1
103	A	**Б**			1		127	**A**	Б	В		1
104	A	**Б**			1		128	A	**Б**	В		1
105	A	**Б**			1							

	ЧАСТЬ 4				
129	**А**	Б	В	Г	1
130	А	**Б**	В	Г	1
131	А	**Б**	В	Г	1
132	А	Б	**В**	Г	1
133	А	**Б**	В	Г	1
134	**А**	Б	В	Г	1
135	А	**Б**	В	Г	1
136	А	Б	В	**Г**	1
137	**А**	Б	В	Г	1
138	А	Б	**В**	Г	1
139	А	**Б**	В	Г	1
140	А	Б	**В**	Г	1
141	**А**	Б	В	Г	1
142	А	**Б**	В	Г	1
143	**А**	Б			1
144	А	**Б**			1
145	А	**Б**			1
146	**А**	Б			1
147	А	**Б**			1
148	**А**	Б			1
149	**А**	Б			1
150	А	**Б**			1
151	А	**Б**			1

152	**А**	Б			1
153	А	**Б**			1
154	**А**	Б			1
155	**А**	Б	В		1
156	А	**Б**	В		1
157	А	Б	**В**		1
158	**А**	Б	В		1
159	А	**Б**	В		1
160	А	Б	**В**		1
161	А	**Б**	В		1
162	**А**	Б	В		1
163	А	Б	**В**		1
164	**А**	Б	В		1
165	А	**Б**	В		1

ЧТЕНИЕ

읽기 영역 정답

МАКСИМАЛЬНОЕ КОЛИЧЕСТВО БАЛЛОВ — 140.

1	**А**	Б	В	7
2	А	**Б**	В	7
3	А	**Б**	В	7
4	А	**Б**	В	7
5	А	Б	**В**	7
6	А	Б	**В**	7
7	**А**	Б	В	7
8	А	**Б**	В	7
9	**А**	Б	В	7
10	**А**	Б	В	7
11	А	**Б**	В	7
12	А	Б	**В**	7
13	**А**	Б	В	7
14	А	**Б**	В	7
15	**А**	Б	В	7
16	А	Б	**В**	7
17	**А**	Б	В	7
18	А	**Б**	В	7

19	А	Б	**В**	7
20	**А**	Б	В	7

АУДИРОВАНИЕ

듣기 영역 정답

МАКСИМАЛЬНОЕ КОЛИЧЕСТВО БАЛЛОВ ЗА ТЕСТ – 120

№	A	Б	В	Г		№	A	Б	В	Г
1	**А**	Б	В	Г		16	**А**	Б	В	Г
2	**А**	Б	В	Г		17	А	**Б**	В	Г
3	А	**Б**	В	Г		18	А	Б	**В**	Г
4	А	Б	**В**	Г		19	**А**	Б	В	Г
5	А	Б	**В**	Г		20	А	Б	**В**	Г
6	А	Б	**В**	Г		21	**А**	Б	В	Г
7	**А**	Б	В	Г		22	А	Б	**В**	Г
8	А	**Б**	В	Г		23	А	**Б**	В	Г
9	**А**	Б	В	Г		24	**А**	Б	В	Г
10	А	**Б**	В	Г		25	**А**	Б	В	Г
11	А	Б	**В**	Г		26	А	**Б**	В	Г
12	А	**Б**	В	Г		27	А	**Б**	В	Г
13	**А**	Б	В	Г		28	**А**	Б	В	Г
14	А	**Б**	В	Г		29	**А**	Б	В	Г
15	А	Б	**В**	Г		30	А	**Б**	В	Г

녹음 원문

Задания 1–5. Прослушайте текст 1, голосовое сообщение Елене, и выполните задания к нему. Время выполнения заданий — до 5 минут. Выберите один вариант ответа.

Текст 1

«Привет, Лена! Извини, что я тебе так долго не звонила. Я была очень занята. Ты можешь меня поздравить. Я нашла работу. Спасибо тебе за совет: верить в себя и всё получится. Теперь я работаю переводчиком в одной крупной фирме. Мой рабочий день начинается в 9 утра. Конечно, приходится рано вставать. Ты же знаешь, как я люблю поспать. Но ничего, надеюсь, я скоро привыкну к этому.

Работы очень много. Кстати, скоро я буду в ваших краях в командировке. Очень хочу встретиться с тобой, твоей мамой и твоей сестрой Аней в нашем любимом кафе. Я часто вас всех вспоминаю.

Надеюсь, ваши планы не изменились, и вы все вместе этим летом приедете ко мне в гости».

Задания 6–10. Прослушайте текст 2, фрагмент из биографии космонавта Юрия Гагарина, и выполните задания к нему. Время выполнения заданий — до 5 минут. Выберите один вариант ответа.

Текст 2

Юрий Гагарин был первым человеком, который полетел в космос. Короткая, но прекрасная жизнь была у этого человека. Он погиб, когда ему было только 34 года, но его знают и помнят в разных странах мира. В России есть город Гагарин. В Москве есть площадь Гагарина, проспект Гагарина есть в Петербурге, а улицы Гагарина есть в Софии, в Париже и в других городах мира. О Гагарине писали, пишут и будут писать книги, стихи и песни.

Юрий Гагарин родился в 1934 году в деревне недалеко от старого русского города Смоленска. В семье Гагариных было четверо детей. Мать Юрия всю жизнь работала в деревне. Она учила своих детей любить природу, землю, труд. Отец всегда был примером для детей. В деревне о нём говорили, что он мастер на все руки. Родители делали всё, чтобы их дети стали честными, трудолюбивыми и ответственными. Детство Юрия Гагарина закончилось рано. Ему было семь лет, когда началась Великая Отечественная война.

После войны жизнь в стране была трудной, поэтому Юрий окончил только семь классов школы. Он поступил в ремесленное училище, чтобы получить рабочую специальность и помогать семье. После окончания училища он начал работать на заводе. Тогда ему было 17 лет. Он был одним из лучших рабочих, поэтому завод послал его учиться в индустриальный техникум в город Саратов.

В Саратове в свободное от учёбы время Юрий начал заниматься в аэроклубе. Он с детства любил самолёты и читал книги о лётчиках. Занятия в аэроклубе были очень интересными, поэтому Юрий решил стать лётчиком.

Юрий Гагарин с отличием закончил индустриальный техникум. Он уже не вернулся на завод, потому что поступил в авиационное училище.

Задания 11–15. Прослушайте текст 3, радиопередачу об озере Селигер, и выполните задания к нему. Время выполнения заданий — до 10 минут. Выберите один вариант ответа.

Текст 3

Дорогие друзья! Чтобы хорошо провести свой отпуск, совсем не обязательно уезжать в дальние края. Нужно помнить, что в нашей стране очень много красивых и интересных мест, которые стоит посетить. Озеро Селигер, без сомнения, является одним из таких мест. Отдых на Селигере — настоящее удовольствие. На берегах озера каждый год открываются всё новые турбазы, дома отдыха и уютные гостиницы, которые ориентированы на семейный отдых. Каждый может найти здесь место для отдыха по своему вкусу.

Озеро Селигер расположено между Москвой и Санкт-Петербургом, среди живописных холмов Валдайской возвышенности. В течение многих веков эти места были населены древними финнами. Именно от них и пошли современные названия озёр, рек и лесов.

Нужно сказать, что Селигер имеет ледниковое происхождение, с чем и связана его не-

обычная форма. Он представляет собой целую систему озёр, связанных между собой. На озере насчитывается более 160 островов, которые имеют разные рельеф и растительность. Общая площадь Селигера составляет около 260 км². Со всех сторон озеро окружено еловыми сосновыми лесами, наполняющими воздух разными ароматами.

Лето на Селигере тёплое и солнечное. Дожди непродолжительны, а вода в озере к середине лета прогревается до +25 °C. В зимний период средняя температура воздуха составляет

8–9 градусов мороза. В марте и апреле достаточно солнечно. Пиком сезона является июль, но многие приезжают сюда на Новый Год и Рождество.

Селигер пользуется большой популярностью среди любителей водного, пешего, велосипедного и автомобильного туризма. Если говорить о развлечениях, то туристам предлагаются рыбалка, охота, а также экскурсии по местным достопримечательностям. Имеются здесь и разнообразные водные развлечения — купание, катание на водных мотоциклах и лодках, виндсёрфинг и дайвинг.

Задания 16–20. Прослушайте текст 4, диалог Николая и Галины об отдыхе, и выполните задания к нему. Время выполнения заданий — до 5 минут. Выберите один вариант ответа.

Текст 4

— Привет, Галя! Рад тебя видеть!

— Привет, Коля! Что у тебя нового?

— Через неделю каникулы. Ещё столько нужно сделать.

— Куда ты собираешься на летние каникулы?

— Сначала хочу съездить на Байкал на неделю, а потом поеду домой в Ростов, как всегда. А ты?

— Я только на море. Ты же знаешь, я предпочитаю проводить летние каникулы на море. Обожаю лежать на пляже, купаться, загорать, ничего не делать и ни о чём не думать.

— А не скучно?

— Нет! Ты что! Вечером всегда можно здорово развлечься, да и на пляже можно поиграть в пляжный волейбол, пообщаться с друзьями.

— А ты уже решила, куда конкретно поедешь?

— В прошлом году мы отдыхали в Турции, в Анталии, а в этом году планируем поехать в Грецию.

— А почему ты не хочешь поехать в Сочи или ещё куда-нибудь, но в России?

— В Сочи я уже была несколько раз. В последнее время цены там не намного ниже, чем в Турции, а сервис хуже.

— Я слышал, в этом году ситуация изменилась, и сервис в Сочи стал намного лучше.

— Может быть, но мы уже решили. Тем более, в Греции я ещё никогда не была.

Задания 21–25. Прослушайте текст 5, разговор по телефону, и выполните задания к нему. Время выполнения заданий — до 5 минут. Выберите один вариант ответа.

Текст 5

— Алло, это ресторан?

— Да, слушаю вас.

— Здравствуйте! Я хотел бы заказать пиццу.

— Да, пожалуйста. Какую пиццу вы хотели бы заказать?

— Большую.

— Одну?

— Нет, две. Одну с грибами, а одну с морепродуктами.

— Хорошо. Ещё что-нибудь будете заказывать?

— Да. Две бутылки минеральной воды без газа.

— Так, ваш заказ: две большие пиццы, одна с грибами, одна с морепродуктами, две воды без газа. Всё верно?

— Да. Как быстро вы доставляете заказ?

— В течение часа.

— Отлично. Меня это устраивает. Доставьте, пожалуйста, пиццу по адресу: 9 линия, дом 11, квартира 17.

— У вас есть карта постоянного клиента?

— Нет, я звоню вам первый раз.

— Хорошо. Ваш заказ принят. Оплата курьеру.

— Спасибо.

Задания 26–30. Прослушайте текст 6, диалог Михаила и Светы, и выполните задания к нему. Время выполнения заданий — до 5 минут. Выберите один вариант ответа.

Текст 6

— Света, привет! У тебя есть какие-нибудь планы на выходные?

— Привет, Михаил! Нет, никаких планов нет. Надо готовиться к экзаменам. Через неделю сессия.

— Может быть, в театр сходим? У меня есть два билета в Мариинский театр на эту субботу. Родители не могут пойти, уезжают к бабушке на дачу. Билеты на «Щелкунчик». Это классический балет-сказка с абсолютно волшебной музыкой. Я так много слышал об этом балете.

— Здорово, но мне нужно заниматься. Я так много пропустила. Прости, но я не смогу.
— Света, я помогу тебе подготовиться к экзамену. Соглашайся!
— Ну, хорошо. Где, когда встречаемся?
— Давай у станции метро «Адмиралтейская», в 6 часов вечера.
— Давай немного пораньше, например, в половине шестого.
— Договорились. Пока!
— Пока!

ПИСЬМО
쓰기 영역 예시 답안

Задание 1. Вы прочитали пост в блоге о взаимоотношениях людей в современном обществе. Напишите свой комментарий. Используйте этот план:

— что говорят студенты о современных проблемах в общении (выберите 2 – 3 мнения);
— с какими мнениями вы не согласны;
— что вы сами думаете об этой проблеме.

Первый вариант ответа

В данном посте студенты говорят о неумении людей общаться друг с другом. Например, студенты Сергей Иванов и Ксения Угрюмова говорят, что в последнее время люди стали очень прагматичными. Мы часто общаемся с людьми только для того, чтобы получить нужную нам информацию, вещь, решить какой-то вопрос. Мы перестали думать о желаниях и интересах других людей и постоянно говорим «мне надо» или «я хочу». Мы думаем только о себе и пытаемся найти выгоду, не помогаем, а только ждём помощи. Поэтому люди часто ссорятся и ранят друг друга. И в итоге остаются одинокими. Я тоже считаю, что в общении с людьми нужно не только думать о своих потребностях, но также прислушиваться к мнению и желаниям других людей. Чтобы не быть одиноким, при знакомстве или общении с другими людьми не надо постоянно искать для себя выгоду.

Но я не совсем могу согласиться с мнением студентки Ирины Петровой, которая видит проблему общения в том, что люди стали редко встречаться и в основном общаются по телефону. Мне кажется, общение по телефону – это тоже неплохо. Конечно, встречаться и ходить в гости лучше, чем переписываться или разговаривать по телефону. Но всё же я не считаю это проблемой общения. С появлением Интернета мы, наоборот, получили возможность общаться с людьми из других стран и городов, видеть их. Даже если человек по каким-либо обстоятельствам не может встретиться с семьёй или друзьями, но может поговорить с ними по телефону, он уже не будет одиноким.

Лично я считаю проблему общения очень важной. Так как человек живёт в обществе, ему нужно общаться с другими людьми. Человек не может жить в одиночестве. Но по разным причинам некоторым людям трудно общаться с другими людьми, заводить друзей. Я считаю, что большую роль во взаимоотношениях людей играет характер человека. Есть люди, которые легко знакомятся с другими, они могут разговаривать на разные темы, шутить с незнакомыми людьми. Но есть люди, которые боятся даже спросить дорогу у незнакомого человека. Таким людям очень тяжело знакомиться и заводить друзей. Конечно, мы не можем изменить характер человека, но мы можем ему помочь. Мы должны быть более внимательными и заботливыми к другим людям.

Второй вариант ответа

В современном обществе проблема взаимоотношения людей является одной из самых важных. Существует много причин, по которым человеку трудно общаться с другими людьми. Например, петербургский студент Вячеслав Пенкин говорит о психологических барьерах в общении. Он считает, что некоторые люди боятся общаться с другими людьми, поскольку они не уверены, будет ли их общение успешным. Вячеслав советует таким людям спокойно подумать о том, почему они боятся контакта с другими людьми. Тогда они поймут, что причин для беспокойства намного меньше, чем кажется. А студентка Ирина Петрова отмечает, что в последнее время люди стали редко встречаться, ходить друг к другу в гости. Люди стали видеться только по праздникам, а в остальное время в основном общаются по телефону.

Ещё один студент Иван Сундуков обращает наше внимание на молодёжное общение. Он говорит, что для молодых людей важно общение со сверстниками. По его словам, молодым людям нужны друзья и приятели, с которыми они могли бы говорить на разные темы, делиться своими проблемами, обсуждать взаимоотношения со взрослыми. Однако, я не могу полностью согласиться с мнением Ивана. Мне кажется, молодым людям важно общаться не только со сверстниками, но и со взрослыми. В молодом возрасте люди, конечно, хотят проводить много времени с друзьями. Поэтому они забывают общаться с родителями. Даже дома они постоянно сидят в телефонах, смотрят видео, играют игры. Из-за этого происходит много проблем в семейном общении. А я считаю, что умению общаться нужно учиться именно в семье.

По моему мнению, проблема общения – одна из основных проблем современного общества. С развитием и распространением Интернета люди стали намного меньше общаться. Раньше люди часто встречались, ходили в кафе, чтобы поделиться своими новостями. Сейчас же людям нужно просто посмотреть в телефон, чтобы узнать все новости, которые произошли с их друзьями, знакомыми. Иногда можно увидеть такую ситуацию, когда друзья или влюблённые приходят вместе в кафе, но не общаются друг с другом, а каждый смотрит в свой телефон. Люди привыкли постоянно только получать информацию. Поэтому многие сталкиваются с проблемой общения. Люди должны стараться побольше встречаться и общаться лично, а не проводить всё своё время в Интернете.

Задание 2. Ваш друг из России едет в вашу страну учиться/работать на один год. Помогите ему собрать чемоданы. Напишите ему письмо и расскажите о климате в вашей стране.

- Какая погода в вашей стране в различные времена года?
- Есть ли особенности климата в вашем городе? Какие?
- Какую одежду и обувь нужно иметь для разных времён года?
- Как меняется жизнь людей в разные времена года?
- В какое время обычно у людей отпуск?
- Когда больше всего туристов и почему?
- Какое время года вам нравится больше всего и почему?

В вашем письме должно быть не менее 20 предложений.

Первый вариант ответа

Аня, привет!

Я очень рад слышать, что ты приезжаешь на учёбу в Корею. У нас очень хорошая и безопасная страна. Но климат здесь немного отличается от климата в России. Я хотела бы рассказать тебе о нём подробнее и дать несколько советов, какую одежду нужно взять с собой.

У нас в Корее четыре времени года. Зима здесь сухая и ветренная, но снег выпадает очень редко. Поэтому даже зимой многие ходят в кроссовках. Я знаю, что в России зимой все носят тёплые высокие сапоги, так как у вас сильные морозы и много снега. Мне кажется, что тебе не нужно брать с собой в Корею такую тёплую обувь. Но обязательно возьми с собой тёплую куртку.

Весной у нас очень хорошая погода, хотя иногда и идут дожди. Весной в Корее очень красиво, повсюду распускаются цветы. Люди гуляют в парках, ходят на фестивали. Ещё в это время к нам приезжает много туристов. Весна – это моё самое любимое время года, потому что весной мы с друзьями часто ходим на пикники и катаемся на велосипедах.

Лето в Корее очень жаркое и влажное. Если приедешь летом, обязательно возьми с собой купальник и шляпу. Как ты знаешь, Корея с трёх сторон окружена морями. Поэтому, летом корейцы часто берут выходные и едут к морю. Мой город тоже находится недалеко от моря на юге страны. У нас в городе погода теплее, чем в других городах Кореи, но дует много ветров.

Осенью в Корее тоже очень красиво, и погода довольно тёплая. В это время года мы ходим в горы и любуемся природой. Поэтому обязательно возьми с собой удобную одежду и кроссовки.

Надеюсь, мои советы помогут тебе собрать чемоданы. До скорой встречи!

Твоя подруга Сохи

Второй вариант ответа

Вова, здравствуй!

Я слышал, ты нашёл в Англии работу и скоро приедешь к нам. Я очень рад за тебя. Думаю, ты уже много знаешь об Англии и Лондоне, но я бы хотел дать тебе ещё несколько советов, что нужно взять с собой, так как у нас в стране очень непредсказуемая погода.

В моём родном Лондоне погода комфортная. Летом нет сильной жары, а зимой не очень холодно. Хоть в Англии зимой намного теплее, чем в России, но дуют сильные ветра, идут дожди и иногда выпадает снег. Поэтому обязательно возьми с собой тёплую куртку, шапку, шарф и перчатки. Шарф и перчатки нужны будут тебе не только зимой. Так как в начале весны и в конце осени тоже погода довольно холодная.

Мне кажется, лучшее время года в Англии – это весна. Погода в это время довольно тёплая. Вокруг всё зеленеет, распускаются цветы. В мае самая приятная погода в году, не холодно и не жарко, поэтому в это время в Англию приезжает много туристов. Англичане тоже в это время любят гулять в парках, устраивают пикники, выезжают за город. А отпуск мы берём обычно летом в июле и едем отдыхать к морю, так как июль обычно самый жаркий месяц в году. Вообще лето в Англии немного прохладное, часто идут дожди. Поэтому даже летом нужно иметь тёплую кофту.

В сентябре и октябре всё ещё тепло, но в конце октября начинается сезон дождей, который длится весь ноябрь. Так как в Англии почти круглый год идут дожди, обязательно возьми несколько пар хорошей и удобной обуви. А ещё в домах в Англии намного холоднее, чем в России, поэтому советую взять с собой тёплую пижаму.

Если у тебя будут ещё вопросы, пиши. Буду ждать. Пока!

Джон

ГОВОРЕНИЕ
말하기 영역 예시 답안

Задание 1 (позиции 1–5). Примите участие в диалоге. Ответьте на реплики собеседника.

1. – Скажите, пожалуйста, какое время года вы любите больше всего?

1) – <u>Больше всего мне нравится осень. Осенью очень красивая природа и много свежих овощей и фруктов.</u>

2) – <u>Моё любимое время года – лето. Потому что летом у студентов длинные каникулы, и я часто путешествую.</u>

2. – Когда у вас день рождения? Как вы его обычно отмечаете?

1) – <u>Пятнадцатого января. Так как мой день рождения зимой, я устраиваю вечеринку дома. Готовлю много вкусной еды, покупаю напитки и приглашаю друзей и знакомых.</u>

2) – <u>У меня день рождения осенью, пятого октября. Обычно родители устраивают для меня праздничный ужин, а после я иду в клуб с друзьями.</u>

3. – Какие подарки обычно дарят на день рождения в вашей стране/городе?

1) – <u>У нас в Корее на день рождения женщинам часто дарят косметику или аксессуары, а мужчинам – одежду.</u>

2) – <u>В нашей стране обычно дарят книги и другие подарки для хобби и увлечений.</u>

4. – Что вы умеете готовить?

1) – <u>Я очень плохо готовлю. Я умею только жарить яйца. Поэтому я почти каждый день ем в кафе или заказываю еду домой.</u>

2) – <u>Хотя я ещё не очень хорошо готовлю, но я очень люблю это делать. Я умею готовить разные супы, спагетти, мясо с овощами, салаты.</u>

5. – Где вы предпочитаете покупать продукты: в магазине или на рынке?

1) – <u>Я предпочитаю покупать продукты в магазине. Так как там можно купить уже мытые и нарезанные продукты. Это очень удобно.</u>

2) – <u>Мне нравится покупать продукты на рынке. Там всегда можно купить свежие и дешёвые фрукты и овощи. Мясо на рынке тоже намного дешевле, чем в магазине.</u>

Задание 2 (позиции 6–10). Познакомьтесь с описанием ситуации. Примите участие в диалогах.

6. Вы в ресторане. Закажите официанту ужин.

1) – <u>Здравствуйте! Можно, пожалуйста, борщ и салат?</u>

2) – <u>Добрый день! Мне, пожалуйста, пасту с морепродуктами и стейк.</u>

7. Ваш друг тоже хочет изучать русский язык. Посоветуйте ему языковую школу или курсы.

1) – <u>Кибом, привет! Я слышал, ты тоже хочешь изучать русский язык. Я могу тебе посоветовать хорошую языковую школу. Там очень опытные преподаватели. Я напишу тебе название и адрес.</u>

2) – <u>Майкл, ты тоже хочешь изучать русский? Здорово. Мы бы могли учиться вместе. Сейчас я хожу на курсы русского языка. Там очень интересно преподают. Я могу сходить с тобой на консультацию.</u>

8. Вы хотите пойти погулять с другом, но он не хочет. Поговорите с ним, убедите его пойти с вами на прогулку.

1) – <u>Ваня, сегодня на улице очень хорошая солнечная погода. Мы можем погулять в парке или покататься на велосипедах. Очень жалко сидеть дома в такой хороший день.</u>

2) – <u>Катя, сейчас в кинотеатре идёт очень интересный фильм. Пойдём посмотрим. Я забронировала хорошие места. А после можно пойти в кафе.</u>

9. Поздравьте друга с днём рождения. Позвоните ему по телефону.

1) – <u>Алло, Даша, поздравляю тебя с днём рождения! Желаю тебе крепкого здоровья, счастья и успехов в учёбе.</u>

2) – <u>Алло, Артём, привет! Поздравляю тебя с днём рождения! Счастья, радости и любви. Пусть все твои мечты сбудутся.</u>

10. Вы решили переехать жить в другой город/страну. Сообщите другу/подруге о своём решении. Объясните, почему вы решили переехать.

1) – <u>Здравствуйте! Я бы хотела воспользоваться интернетом. У вас в гостинице есть Wi-Fi?</u>

2) – <u>Извините, мне нужен интернет. Как я могу подключиться к нему?</u>

Задание 3. Ваш друг режиссёр ищет идею для нового фильма, а вы недавно прочитали интересный рассказ. Кратко передайте его содержание.

Первый вариант ответа

В Петербурге жил один молодой человек с котом. У него был отпуск, поэтому он сидел дома. Неожиданно ему пришло сообщение от девушки, которую он любил. Она писала, что ей одиноко без него. Прочитав сообщение, молодой человек насыпал коту корма и сразу поспешил к любимой девушке в Москву.

На следующий день утром он был уже в Москве. Так как было ещё рано, молодой человек реши погулять по городу. По дороге он встретил музыкантов. Ему так понравилось их выступление, что он даже не заметил, как наступил день.

Молодой человек купил букет и направился к дому своей возлюбленной. Он поднялся по лестнице и позвонил в звонок, но никто не открыл дверь. Он подумал, что она не услышала звонок, и позвонил ещё раз, но дверь так и не открыли. Потом молодой человек позвони девушке на телефон. Из квартиры послышалась мелодия звонка, но никто не ответил.

Молодой человек подождал час и уже хотел уходить, когда из соседней квартиры выглянула пожилая женщина. Она сказала, что девушка ещё вчера днём ушла с подругой. Женщина сказала, не ждать девушку. Возможно, что она не хочет отвечать на телефон и открывать ему дверь. Молодой человек расстроился и отдал женщине букет, который купил девушке.

Вечером перед отъездом он зашёл в кафе поужинать. Он устал, и у него было плохое настроение. Перед тем, как сесть в поезд, он решил подышать свежим воздухом. Вдруг он увидел, что к нему бежит какая-то девушка. Лицо её было видно плохо, но он сразу узнал букет белых роз, которые он купил утром. Наконец, он понял, что это его любимая девушка. Но как у неё оказался букет, она оставила в тайне. Она сказала, что вчера у неё заболела подруга, и она была с ней. Она не думала, что Саша действительно приедет. Девушка крепко обняла молодого человека и сказала, что очень соскучилась. Молодой человек обещал приехать ещё раз и купить уже два букета: своей девушке и её соседке.

Второй вариант ответа

В рассказе говорится об одном молодом человеке по имени Саша. Однажды Саша сидел за компьютером в своём питерском доме. Вдруг он получил сообщение от девушки Оли, в которую был влюблён. В этом длинном и грустном сообщении Оля писала, что ей очень одиноко без Саши. Молодой человек сразу собрал вещи и поехал на вокзал.

Утром Саша был уже в Москве. Он решил не спешить и пошёл гулять по Москве. На улице он встретил уличных музыкантов. Ему очень понравилась их музыка, что он даже не заметил, как прошло время.

Саша купил букет цветов для Оли и пошёл к её дому. Он поднялся по лестнице на седьмой этаж и позвонил в дверной звонок, но никто не ответил. Тогда Саша позвонил ещё раз, но опять никто не ответил. Потом Саша решил позвонить Оле на телефон. Из-за двери послышалась мелодия телефонного звонка, но ответа так и не было. Саша подождал около часа и уже стал терять терпение.

Вдруг из соседней квартиры выглянула женщина и сказала, что Оли нет дома. Она рассказала, что девушка вчера уехала с подругой и ещё не вернулась. Женщина посоветовала Саше идти погулять, а не стоять под дверью. Может быть, девушка просто не хочет его видеть. После слов женщины Саша решил ехать домой. Он поблагодарил женщину и отдал ей букет роз, которые купил Оле.

Днём Саша ходил по улицам и вечером пришёл на вокзал. Перед посадкой он решил подышать свежим воздухом. В этот момент он увидел девушку, которая бежала к поезду. Он не мог её разглядеть, но заметил в руках у девушки букет белых роз. Девушкой была Оля. Она подбежала к Саше и попросила прощение. Она рассказала, что её подруга заболела, поэтому она осталась у неё ночевать. Он спросил у девушки, как она узнала, что это его букет. Оля сказала, что это секрет.

Саша уехал, но обещал приехать ещё раз и купить два букета: Оле и её соседке.

Задание 4. Подготовьте сообщение на тему: «Моя одежда».

- Какие одежду и обувь вы любите?
- Какой ваш любимый цвет?
- Какое место в вашей жизни занимает одежда?
- Важны ли для вас бренды?
- Как часто вы покупаете одежду и обувь?
- Какую часть вашего бюджета вы тратите на покупку одежды?

- Какие магазины вам нравятся? Ходите ли вы на распродажи?
- Есть ли в вашей стране свои известные бренды одежды и обуви?

В вашем рассказе должно быть не менее 20 предложений.

Первый вариант ответа

Так как я веду активный образ жизни, мне нравится простая и удобная одежда и обувь. Поэтому при выборе одежды для меня главное, чтобы мне было комфортно в ней. Например, зимой мне важно, чтобы одежда была тёплая и мягкая, а для лета я обычно выбираю лёгкую свободную одежду.

Также я часто ношу спортивную одежду и никогда не ношу джинсы. Хотя многим нравятся джинсы, для меня это самая неудобная одежда. А когда я ходила в школу, я очень не любила носить школьную форму. Поэтому я очень рада, что в университете нет формы, и я могу носить то, что мне нравится. Что касается цвета одежды, я предпочитаю надевать светлые цвета. Например, мне нравится одежда белого и бежевого оттенков.

Поскольку в основном я смотрю на качество материала, для меня не очень важно, какого бренда одежда. Поэтому иногда я покупаю очень дорогую одежду, а иногда могу купить и очень дешёвую, если она неплохого качества. В последнее время в нашей стране появилось немало брендов, которые выпускают хорошую и качественную одежду. Пока они не так известны, но по качеству почти не отличаются от популярных иностранных брендов.

Одежду отечественных и иностранных брендов можно найти в больших торговых центрах. Там всегда большой выбор одежды. Также там часто устраивают распродажи, на которых можно купить хорошую качественную одежду по недорогой цене. Я иногда хожу на распродажи с подругой.

Но одежду я покупаю не часто, потому что не люблю ходить по магазинам. Поэтому, если я делаю шоппинг, я покупаю одежду сразу на весь сезон. На одежду я стараюсь не тратить много денег, однако, если мне понравится качественная дорогая вещь, я обязательно её куплю. Я считаю, что нужно носить ту одежду, в которой вам комфортно и которая вам нравится.

Второй вариант ответа

Одежда занимает очень важное место в моей жизни, она помогает мне самовыражаться. Мне нравится быть разной, поэтому я стараюсь постоянно находить и пробовать новые стили. А чтобы быть в курсе модных новинок, я смотрю журналы моды, делаю шопинг, разговариваю о моде с друзьями.

В зависимости от того, какую одежду я надеваю, у меня меняется настроение. Иногда мне кажется, что у меня меняется даже характер. Например, когда я надеваю тёплый свитер, я спокойная, а когда надеваю лёгкое платье, становлюсь очень романтичной. Или, когда я ношу юбку и туфли на высоком каблуке, я чувствую себя намного увереннее и взрослее, чем, когда на мне джинсы и футболка.

Хотя мне нравится много разных стилей, моей любимой одеждой являются платья и юбки. Я ношу юбки почти круглый год. Я сочетаю их и с классическими туфлями, и с модными сапогами, и даже с кроссовками или кедами. Также для меня важен и цвет одежды. Я люблю сочетать между собой различные яркие цвета. Сейчас у меня в гардеробе много одежды жёлтого, красного, зелёного цветов. Обувь тоже я стараюсь покупать яркую. Особенно мне нравятся яркие туфли и босоножки на каблуке.

Когда я была студенткой, я не могла часто покупать одежду. Но после того, как я устроилась на работу, я делаю шопинг почти каждый месяц и трачу большую часть своего бюджета. Чтобы не тратить все деньги на одежду, я стараюсь ходить на распродажи. Там всегда можно найти хорошие и качественные вещи по доступной цене.

При покупке одежды я смотрю не только на их качество и стоимость, для меня очень важен бренд одежды. У меня есть несколько любимых брендов, новинки которых я стараюсь не пропускать. У нас в стране, к сожалению, нет своих известных брендов, поэтому я в основном покупаю одежду иностранных производителей.

답안지

Рабочие матрицы

ЛЕКСИКА. ГРАММАТИКА

МАКСИМАЛЬНОЕ КОЛИЧЕСТВО БАЛЛОВ ЗА ТЕСТ – 165

Имя, фамилия_____ Страна_____ Дата_____

ЧАСТЬ 1				
1	А	Б		
2	А	Б		
3	А	Б		
4	А	Б		
5	А	Б	В	
6	А	Б	В	
7	А	Б	В	
8	А	Б	В	
9	А	Б	В	
10	А	Б	В	
11	А	Б	В	
12	А	Б	В	
13	А	Б	В	
14	А	Б	В	
15	А	Б	В	
16	А	Б	В	
17	А	Б	В	

18	А	Б	В	
19	А	Б	В	
20	А	Б	В	
21	А	Б	В	
22	А	Б	В	
23	А	Б	В	
24	А	Б	В	
25	А	Б	В	

ЧАСТЬ 2				
26	А	Б	В	
27	А	Б	В	
28	А	Б	В	
29	А	Б	В	
30	А	Б	В	
31	А	Б	В	Г
32	А	Б	В	Г
33	А	Б	В	Г
34	А	Б	В	Г

35	А	Б	В	Г		59	А	Б	В		
36	А	Б	В	Г		60	А	Б	В		
37	А	Б	В	Г		61	А	Б	В		
38	А	Б	В	Г		62	А	Б	В		
39	А	Б	В	Г		63	А	Б	В		
40	А	Б	В	Г		64	А	Б	В		
41	А	Б	В	Г		65	А	Б	В		
42	А	Б	В	Г		66	А	Б	В		
43	А	Б	В	Г		67	А	Б	В		
44	А	Б	В	Г		68	А	Б	В		
45	А	Б	В	Г		69	А	Б	В		
46	А	Б	В	Г		70	А	Б	В		
47	А	Б	В	Г		71	А	Б	В		
48	А	Б	В	Г		72	А	Б	В		
49	А	Б	В	Г		73	А	Б	В		
50	А	Б	В	Г		74	А	Б	В		
51	А	Б	В	Г		75	А	Б	В		
52	А	Б	В	Г		76	А	Б	В		
53	А	Б	В	Г		77	А	Б	В		
54	А	Б	В	Г		ЧАСТЬ 3					
55	А	Б	В	Г		78	А	Б	В		
56	А	Б	В	Г		79	А	Б	В		
57	А	Б	В			80	А	Б	В		
58	А	Б	В			81	А	Б	В		

#						#					
82	A	Б	В			106	A	Б			
83	A	Б	В			107	A	Б			
84	A	Б	В			108	A	Б			
85	A	Б	В			109	A	Б			
86	A	Б	В			110	A	Б			
87	A	Б	В			111	A	Б			
88	A	Б				112	A	Б			
89	A	Б				113	A	Б			
90	A	Б				114	A	Б			
91	A	Б				115	A	Б			
92	A	Б				116	A	Б			
93	A	Б				117	A	Б			
94	A	Б				118	A	Б			
95	A	Б				119	A	Б			
96	A	Б				120	A	Б	В		
97	A	Б				121	A	Б	В		
98	A	Б				122	A	Б	В		
99	A	Б				123	A	Б	В		
100	A	Б				124	A	Б	В		
101	A	Б				125	A	Б	В		
102	A	Б				126	A	Б	В		
103	A	Б				127	A	Б	В		
104	A	Б				128	A	Б	В		
105	A	Б									

ЧАСТЬ 4				
129	А	Б	В	Г
130	А	Б	В	Г
131	А	Б	В	Г
132	А	Б	В	Г
133	А	Б	В	Г
134	А	Б	В	Г
135	А	Б	В	Г
136	А	Б	В	Г
137	А	Б	В	Г
138	А	Б	В	Г
139	А	Б	В	Г
140	А	Б	В	Г
141	А	Б	В	Г
142	А	Б	В	Г
143	А	Б		
144	А	Б		
145	А	Б		
146	А	Б		
147	А	Б		
148	А	Б		
149	А	Б		
150	А	Б		
151	А	Б		
152	А	Б		
153	А	Б		
154	А	Б		
155	А	Б	В	
156	А	Б	В	
157	А	Б	В	
158	А	Б	В	
159	А	Б	В	
160	А	Б	В	
161	А	Б	В	
162	А	Б	В	
163	А	Б	В	
164	А	Б	В	
165	А	Б	В	

ЧТЕНИЕ

МАКСИМАЛЬНОЕ КОЛИЧЕСТВО БАЛЛОВ — 140.

Имя, фамилия_____ **Страна**_____ **Дата**_____

1	А	Б	В	
2	А	Б	В	
3	А	Б	В	
4	А	Б	В	
5	А	Б	В	
6	А	Б	В	
7	А	Б	В	
8	А	Б	В	
9	А	Б	В	
10	А	Б	В	
11	А	Б	В	
12	А	Б	В	
13	А	Б	В	
14	А	Б	В	
15	А	Б	В	
16	А	Б	В	
17	А	Б	В	

18	А	Б	В	
19	А	Б	В	
20	А	Б	В	

АУДИРОВАНИЕ

МАКСИМАЛЬНОЕ КОЛИЧЕСТВО БАЛЛОВ ЗА ТЕСТ – 120

Имя, фамилия_____ **Страна**_____ **Дата**_____

1	А	Б	В		16	А	Б	В	
2	А	Б	В		17	А	Б	В	
3	А	Б	В		18	А	Б	В	
4	А	Б	В		19	А	Б	В	
5	А	Б	В		20	А	Б	В	
6	А	Б	В		21	А	Б	В	
7	А	Б	В		22	А	Б	В	
8	А	Б	В		23	А	Б	В	
9	А	Б	В		24	А	Б	В	
10	А	Б	В		25	А	Б	В	
11	А	Б	В		26	А	Б	В	
12	А	Б	В		27	А	Б	В	
13	А	Б	В		28	А	Б	В	
14	А	Б	В		29	А	Б	В	
15	А	Б	В		30	А	Б	В	

절취선을 따라 잘라서 사용하세요

답안지

ПИСЬМО

Имя, фамилия _____ **Страна** _____ **Дата** _____

ПИСЬМО

Имя, фамилия _____ **Страна** _____ **Дата** _____

러시아어 단계별 종합 교재 시리즈

러시아로 가는 길 시리즈 (청취 CD별매)
단계별 시리즈: 1단계, 2단계, 3단계, 4단계

- 1단계-처음 시작하시는 분 또는 기초 문법과 표현 정리가 안되시는 분
  TORFL 기초단계에 부합하는 영역들로 구성
- 2단계-초중급 문법과 어휘력 향상이 필요하신 분
  TORFL 기본단계에 부합하는 영역들로 구성
- 3단계-1년 이상 배우신 분, 기본적인 원서 독해가 가능하신 분
  TORFL 1단계에 부합하는 영역들로 구성
- 4단계-중고급 문법과 어휘력 향상이 필요하신 분
  TORFL 2단계에 부합하는 영역들로 구성

문법과 회화를 동시에 습득할 수 있는 단계별 종합 교재로 '러시아어 능력 인증시험 토르플(TORFL)'의 시험 단계인 문법, 회화, 읽기, 쓰기의 다양한 영역을 준비할 수 있습니다.

러시아어 인텐시브 회화 시리즈
단계별 시리즈: 1단계, 2단계, 3단계, 4단계

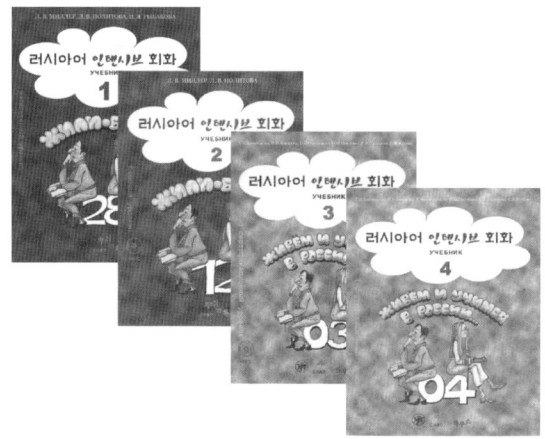

 인텐시브 회화 시리즈 오디오 자료는 뿌쉬낀하우스 홈페이지의 출판센터 자료실에서 다운로드할 수 있습니다.
4단계 도서에는 CD가 포함되어 있습니다.

단계별로 구성되어 있는 회화 교재를 통해 다양한 표현들을 익혀 창조적인 의사소통이 가능하도록 도와줍니다. 다양한 주제와 문화에 관한 텍스트를 통해 러시아 문화에 대한 이해의 폭을 넓히고, 동시에 실생활에서 사용되는 러시아어의 여러 문제를 익힐 수 있습니다.

러시아 교육문화센터
뿌쉬낀하우스
교육센터 / 문화센터 / 출판센터
Tel. 02)2237-9387 Fax. 02)2238-9388
http://www.pushkinhouse.co.kr